ESQUISSE

SUR

L'HISTOIRE, LES MOEURS ET LA LANGUE DES CIGAINS

CONNUS EN FRANCE SOUS LE NOM DE BOHÉMIENS

SUIVIE

D'UN RECUEIL DE SEPT CENTS MOTS CIGAINS

PAR

MICHEL DE KOGALNITCHAN.

BERLIN.

LIBRAIRIE DE B. BEHR.

13, Oberwallstrasse.

———

1837.

PRÉFACE.

Plusieurs journaux allemands ont donné des relations plus ou moins vraies sur les Cigains; dans ces dernières années les détails de leur vie vagabonde, de leurs moeurs, de leurs usages ont trouvé beaucoup de lecteurs, tandis que d'un autre côté, plusieurs savants ont témoigné de l'interêt pour leur langue, issue des dialectes de l'Indostan. Né et élevé en Moldavie où il y a environ cent mille Cigains, qui ont conservé leurs usages primitifs jusqu'aujourd'hui, j'ai pu étudier mieux que tout autre les moeurs de ce peuple nomade: j'ai voulu aussi, moi, donner quelques détails nouveaux et intéressans sur cette tribu originaire des Indes. J'avais d'abord destiné les pages suivantes pour servir d'appendice au second volume de l'histoire de Moldavie et de Valachie qui est sous presse, mais comme le second volume ne paraîtra qu'à la fin de cette année, et que d'autres pièces plus intéressantes sur la législation, le commerce et la littérature des Moldovalaques y prendront place, je me suis décidé à publier à part cette Esquisse sur les Cigains, à la fin de laquelle j'ai joint un recueil corrigé de tous les mots cigains connus jusqu'à présent, ainsi qu'une idée sur leur grammaire tirée d'un ouvrage de Monsieur le Conseiller Graffunder publié à Erfurt en 1835. Outre les détails nouveaux que j'ai donnés pour la première fois, ainsi que les lois par lesquelles les Cigains sont régis en Moldavie et en Valachie, j'ai cité aussi ce que les principaux écrivains ont dit jusqu'à présent sur ce peuple, toutefois autant que leurs relations n'étaient pas en opposition avec les connaissances que j'avais moi-même sur les habitudes des Cigains.

Si quelques fautes, si quelques erreurs involontaires se sont glissées dans cette esquisse, j'en demande pardon aux lecteurs; à défaut de tout autre mérite, elle aura celui de l'opportunité au moment où quelques voix ont excité en faveur des Cigains un interêt qui, malheureusement, ne sera peut-être que passager, car voilà comme sont les Européens! Ils forment des sociétés philanthropiques pour l'abolition de l'esclavage en Amérique, tandis qu'au sein de leur continent, en Europe, il y a quatre cent mille Cigains qui sont esclaves, et deux cent mille autres qui sont couverts des ténèbres de l'ignorance et de la barbarie! Et personne ne se donne la peine de civiliser tout un peuple.

Berlin ce 1 août 1837.

ESQUISSE

SUR L'HISTOIRE, LES MOEURS ET LA LANGUE DES CIGAINS 1) CONNUS EN FRANCE SOUS LE NOM DE BOHÉMIENS.

CHAPITRE PREMIER.
Histoire et moeurs des Cigains.

Un grand nombre d'historiens et de voyageurs ont écrit sur cette nation répandue comme le peuple de Moïse sur toute la surface du vieux continent: la plupart cependant n'ont donné que des notions fausses ou vagues sur leur origine et sur leurs moeurs. Les uns s'appuyant sur le témoignage même des Cigains, et sur un passage d'Hérodote qui dit avoir trouvé sur les bords du Pont Euxin, une colonie égyptienne, soutinrent que ce peuple nomade était une partie des sujets de Sesostris lesquels, après la découverte de la conjuration de Danaüs, allèrent chercher une nouvelle patrie sur les côtes de la mer Noire: d'autres tout en reconnaissant les Cigains pour des Egyptiens donnèrent une autre cause à leur arrivée en Europe; ils les regardèrent comme des Chrétiens qui, forcés par les païens, préférèrent de quitter leur pays, vers le septième siècle, plutôt que d'abjurer leur religion. Dernièrement un Anglais, M. Samuel Roberts a publié un livre intitulé: T h e G y p s i e s: t h e i r o r i g i n, c o n t i n u a n c e a n d d e s t i n a-t i o n, a s c l e a r l y f o r e t o l d i n t h e p r o p h e c i e s o f I s a i a h, J e r e m i a h a n d E z e k i e l. Le titre de l'ouvrage indique ce que l'auteur veut prouver, s'appuyant sur des passages de la Bible, il veut montrer d'une manière évidente que les Cigains

---

1) En Moldavie et en Valachie, où est pour ainsi dire la patrie de ces vagabonds qu'en France on appelle Bohémiens, on les nomme en romàn ou valaque Cigani, d'où en parlant le français, l'on a fait le nom de Cigains; j'ai cru devoir conserver ce nom local plus juste que celui de Bohémien.

sont les descendans des anciens Egyptiens dont la dispersion et les malheurs ont été prédits par les prophètes. L'idée de M. Samuel Roberts est assez originale, mais malheureusement elle est loin d'être vraie.

D'autres historiens ont donné à ces vagabonds d'autres origines: les uns les prennent tantôt pour des habitans de la ville de Singara en Mésopotamie, tantôt pour des émigrés de la Cilicie et de l'Assyrie, tantôt pour des Nubiens, pour des Ethiopiens, pour des Maures, pour des Manichéens de l'Arménie: d'autres enfin prétendent et avec raison que les Cigains sont une peuplade de l'Indostan. De cette dernière opinion, aujourd'hui généralement adoptée, est aussi le savant Grellmann qui en 1783 a publié en allemand à Dessau et à Leipzik un essai historique sur les Cigains; ou: Die Zigeuner, ein historischer Versuch über die Lebensart und Verfassung dieses Volks. L'historiographe de la Hongrie J. A. Fessler ainsi que Malte-Brun sont du même avis. Mais avant de parler de leur origine, montrons les différens noms que leur donnent les autres peuples: les Français les appelèrent Bohémiens parceque les Cigains vinrent en France du côté de la Bohême, les Anglais les nommèrent Gypsies, les Allemands Zigeuner, les Italiens Zingari ou Zingani, les Espagnols Gitanos, les Grecs modernes Κατζίβελοι, les Polonais Zigani, les Hongrois Pharaó Nemzetség, ou race de Pharaon, les Russes Tziganes, les Turcs Tschinghené, les Hollandais Heydens ou païens, les Danois et les Suédois Tartares, les Maures et les Arabes Charami ou brigands, les habitans de la petite Bucharie Djaii, enfin les Romans ou les Valaques et les Moldaves Çigani, d'où ils ont fait le mot français Cigains. A l'exception des Hongrois, des Espagnols, des Anglais et des Français qui leur donnent aussi quelquefois le nom d'Egyptiens, la plupart des autres nations les appellent du nom plus ou moins défiguré de Tschingan, dénomination qu'il semble avoir eue d'abord. Mais les Cigains mêmes s'appellent dans leur langage Romnitschel (fils de la femme) ou Rome (hommes).

Quand les Cigains parurent pour la première fois en Europe, c'est ce qui est impossible de prouver. Jusqu'à présent les historiens ont cru qu'ils se sont montrés pour la première fois dans cette partie du monde au commencement du quinzième siècle et pas avant 1417. Voici comment Fessler dans son histoire de la Hongrie parle d'après Grellmann de l'origine des Cigains: Après que le puissant et terrible Timurbeg ou Tamerlan, dit-il, sous prétexte d'abolir les idoles, eut subjugué en 1399 le Nord-Ouest de l'Inde et qu'il eut signalé ses victoires par des cruautés innombrables, une peuplade sauvage de pirates nommés Tschingans et habitans du Guzurate et spécialement des environs de Tatta, prit la fuite et sortit de l'Inde; cette pleupade forte d'environ un demi million et possedant de grandes richesses s'appelait dans son langage du Guzurate Rome ou hommes, à cause de leur couleur brune, Kola ou noirs, et à cause de leur ancien séjour sur les rives du Sind Sinte, et en passant par la Perse ces émigrés furent nommés Sisech Hindu ou Indiens noirs. De quelle mannière ces hordes de Cigains pendant les dix-neuf premières années de leur émigration, depuis 1399 jusqu'en 1417, se sont partagées dans l'Asie occidentale, puis se sont étendues dans l'Afrique septentrionale, et dans l'Europe méridionale, c'est ce qui n'a pas encore été éclairci d'une manière satisfaisante; tout ce que nous savons c'est que dans la dix-septième année du règne d'Alexandre-le-Bon, prince de Moldavie (1417) quelques hordes de ce peuple nomade parurent en Moldavie, en Hongrie et en Allemagne sur les côtes de la mer du Nord; nous devrions donc regarder l'année 1417 comme l'époque de l'arrivée des Cigains en Europe: mais la suite prouvera que les Cigains étaient dans cette partie du monde deux siècles avant 1417. J. P. Ludwig dans les Reliqu. Manuscriptorum T. XI, p. 301 a trouvé une chronique anonyme où on voit qu'en 1250 parmi les peuples de Bela II, roi de Hongrie, il y avait aussi une nation qui s'appelait Gingari ou Cingari. Ce passage ainsi que quelques autres qu'on trouve dans les anciens chroniqueurs nous prouvent que déjà dès le tems les plus reculés il y avait

1 *

en Europe quelques peuplades des Indous, et l'époque de leur émigration dans cette partie du monde restera toujours un problème sans solution. La langue et les moeurs des Cigains sont les plus grandes preuves que nous puissions donner de leur origine indienne: quoique très changée leur langue est pleine de mots sanscrits, bengali's, indostani's, multani's et malabarais. A l'appui de la ressemblance du Cigain avec le malabarais je veux citer ce que le savant Grellmann a emprunté à un journal de Vienne intitulé: Die Wiener Anzeigen. Dans le milieu du dix-huitième siècle un prêtre de la Hongrie nommé Etienne Vali qui étudiait à Leiden, ayant fait la connaissance de trois jeunes gens du Malabar qui fesaient leurs études dans la même ville, s'était fait dicter quelques milliers de mots malabarais, parcequ'il avait remarqué que cette langue ressemblait beaucoup à celle des Cigains de son pays; de retour en Hongrie il trouva que les Cigains comprenaient tous ces mots. Ces jeunes Malabarais avaient du reste dit qu'il se trouvait dans leur île une province qui s'appelait Czigania [1]). La langue des Cigains nous a prouvé et nous prouvera encore davantage lorsque nous donnerons un recueil de mots cigains comparés aux différens dialectes de l'Indostan, qu'ils sont d'une origine indienne, voyons si leurs moeurs ne nous montreront pas de quelle partie de l'Inde, ils sont. Il est difficile de croire que les pirates nommés Tschingans et chassés par Tamerlan soient les ancêtres des Cigains d'aujourd'hui; ceux-là comme pirates devaient être courageux, et ceux-ci sont le peuple le plus lache du monde. „D. Richardson s'est flatté de les avoir „retrouvés dans la caste des Bazigurs, espèce de ménétriers et „de danseurs vagabonds. Si l'on voulait les chercher parmi „les petites castes des Hindous, aucune selon nous, ne leur res-„semblerait plus que la subdivision des Soudras, nommée „Correwa's, gens errans qui n'ont aucune demeure fixe, qui „logent sous des tentes, et dont le principal métier est de tres-„ser des corbeilles ou de faire des couvercles de chaudrons,

---

1) La Gazette d'Etat de Prusse du 20 avril 1836, reproduit cette anecdote.

„tandis que leurs femmes gagnent beaucoup d'argent à dire la
„bonne aventure [1])." Ces moeurs ne diffèrent en rien de celles
des Cigains.

Toutes les Chroniques avouent que ce peuple nomade se
montra d'abord en Moldavie, en effet pour arriver de l'Inde en
Europe, il devait passer la mer Noire, jusqu'à laquelle la Moldavie s'étendait alors. Dans la dix-neuvième année du règne
d'Alexandre-le-Bon en 1417 quelques hordes de ce peuple parurent en Moldavie. De cette principauté les Cigains se ré-
pandirent en Valachie, en Transylvanie, en Hongrie et dans
le reste de l'Europe. Profitant de l'erreur du tems d'alors
pour les arts occultes, ils se disent d'une origine égyptienne,
et c'est pour cela que les Hongrois les appelèrent la race de
Pharaon, et que les Français, les Anglais et les Espagnols
leur donnèrent le nom d'Egyptiens, de Gypsies et de Gitanos.
N'ayant aucun culte qui leur fut propre, ils feignaient de pra-
tiquer celui du pays où ils voulaient entrer et c'est ainsi qu'ils
sûrent se faire tolérer partout.

En 1417 la même année de leur arrivée en Moldavie,
ils se montrèrent en Allemagne dans les environs de la mer
du Nord, et en 1418, le cinquième mois après la fin du con-
cile de Constance, ils pénétrèrent aussi en Suisse: une grande
horde d'une nation inconnue, dit Jean de Müller dans son histoire de la Suisse, brune de couleur, d'une figure étrangère,
mal habillée, munie de passe-ports des autorités spirituelles et
séculières, se présenta devant Zurich: leur chef s'appelait Michel, duc du pays d'Egypte; on nommait ses compagnons Cingari ou Czigani. Quatre années plus tard, en 1422, un autre
duc se disant aussi venant de l'Egypte, et nommé André, pa-
rut avec sa troupe devant Bologne, tandis qu'un autre chef se
présentait devant Bâle. Le nombre des Cigains qui avaient
pénétré en Suisse, montait d'après le chroniqueur Strumpt à
quatorze mille à peu près. Quoique se disant de l'Egypte ils
venaient réellement de la Hongrie où ils avaient passé de la

---

1) Valentyn. Old and Nieuw Ostindien, cité par Malte-Brun,
t. 6, p. 271.

Moldavie: c'est dans ce dernier pays et en Valachie que les
Cigains restèrent en plus grand nombre. Une sous-division
des Cigains de la Hongrie aprés avoir passé par l'Allemagne,
alla en France, en Angleterre et en Espagne.

Quand ils parurent pour la première fois en France, c'est
ce qui est inconnu, mais d'après Pasquier, dans ses Recher-
ches de la France, ils se montrèrent en 1427 à Paris où
ils étaient arrivés le 17 août. Selon quelques vieux chroniqueurs ils se donnèrent pour des habitans de la Basse-Egypte,
lesquels avaient été forcés par les Sarrasins de renier la religion de Jésus Christ; reconquis une seconde fois par les
Chrétiens ils furent obligés d'aller à Rome où le Pape les
confessa et leur donna pour pénitence, l'ordre d'errer pendant
sept ans consécutifs, et de coucher pendant tout ce tems sur
la terre nue. Ils prétendaient même que le Pape et l'empereur Sigismond leur avait donné des lettres de dispense par
lesquelles ils pouvaient exercer le vol impunément dans les
villes et les villages pendant tout le tems que durerait leur
pélérinage. Le peuple appelait en France ces vagabonds pe-
nanciers ou penitenciers. Partout où les Cigains allaient,
ils menaient une vie nomade, s'établissaient près de lieux ha-
bités, sous des tentes ou dans des huttes sous terre, amusaient
les nobles et le peuple par leur musique et leurs danses las-
cives, s'occupaient à forger le fer, à faire le commerce des
chevaux, et quelquefois à recueillir l'or des rivières. Quoique
François I ait donné les premiers ordres pour leur persécution,
qu'en 1561 et en 1612 il fut commandé aux autorités de faire
main basse sur eux, et qu'encore aujourd'hui la police s'em-
pare de tout vagabond, la France n'est pas encore debarrassée
des Cigains; on les trouve encore en Lorraine et en Alsace,
et „à Nîmes, dans ces dernières années les visiteurs du pont
„du Gard ont eu le spectacle d'une troupe de Bohémiens cam-
„pés au pied du mont, sous la même grotte, j'imagine, d'où
„sortirent les nymphes qui allèrent au-devant de Charles IX
„lui portant des boites de confitures."

„C'est dans les mois d'août et de septembre, aux fêtes

„de saint Roch et de saint Michel, qu'on voit arriver à Nimes,
„entassés sur de mauvaises charrêttes trainées par des mu-
„les, ou chassant devant eux des troupes d'ânes et de pe-
„tits mulets qu'ils vont vendre dans les foires, ces demi‑sau-
„vages, vrais enfans perdus de la providence. Ils couchent
„à la belle étoile, ordinairement sous les ponts: leur quar-
„tier‑général, à Nimes, est le Cadreau (en patois, lou Cadá-
„raou), petit pont jeté sur un ravin qui descend d'une des
„collines et sert de voierie publique. C'est là qu'on peut les
„voir demi-nus, sales, accroupis sur de la paille ou de vieilles
„hardes, et mangeant avec leurs doigts les chiens et les chats
„qu'ils ont tués dans leurs excursions crépusculaires. Dans
„les jours de foire, ils sont tour‑à‑tour marchands, maquignons,
„mendiants et saltimbanques. Les jeunes filles, aux grands
„yeux bruns et lascifs, au visage cuivré, pieds nus, la robe
„coupée ou plutôt déchirée jusqu'aux genoux, dansent devant
„la foule, en s'accompagnant d'un bruit de castagnettes qu'elles
„font avec leur menton. Ces filles, dont quelques unes ont à
„peine seize ans, n'ont jamais eu d'innocence. Venues au monde
„dans la corruption, elles sont flétries avant même de s'être
„données, et prostituées avant la puberté. Ces Bohémiens par-
„lent un espagnol corrompu. L'hiver on ne les voit pas: où
„vont-ils? d'où viennent-ils?"

„L'hirondelle d'où nous vient-elle? [1])"

De la France les Cigains pénétrèrent d'un côté en Espagne où ils se multiplièrent considérablement surtout en
Murcie, aux environs de Cordoue, de Cadix et de Ronda,
et de l'autre en Angleterre où ils eurent et ont encore
des chefs qu'on appelle les rois des Cigains. Sous Henri
VIII en 1531, et sous Elisabeth en 1563 ils devinrent par des
actes du parlement l'objet d'une persécution générale. Malgré
ces rigueurs ils se soutinrent en Angleterre jusqu'aujourd'hui
en grand nombre: leur dernier roi mourut dans les derniers

---

1) Description de Nimes par M. Nisard, dans l'histoire et la description des principales villes de l'Europe, publiée par le libraire
Desenne, à Paris.

jours de fevrier 1835 dans son camp de Bestwoodlane à Rottingham, et fut enterré pompeusement dans le cimetière de No man's-heath en Northamptonshire. Il laissa pour lui succéder une jeune et belle princesse qui était son unique enfant. En Ecosse, les Cigains furent reconnus par un des rois de ce pays, comme un peuple séparé et indépendant, et ils se multiplièrent tellement dans ce royaume que leur nombre montait à plus de cent mille; mais aujourd'hui ils ont diminué considérablement, de sorte que dans toute l'Ecosse, à l'avis de Walter Scott, il serait peut-être impossible d'en trouver plus de cinq cents. En Danemarc ils furent de tout tems poursuivis, une loi danoise dit: „les Tartares (ou Cigains) qui errent partout, et causent „des dommages au peuple par leurs mensonges, leur brigan-„dage et leurs arts occultes, doivent être saisis par toutes les „autorités [1])." En Italie, et surtout dans les états du Pape, ils sont aussi nombreux, quoique ils n'y aient la permission de passer que trois nuits dans le même endroit.

En Hongrie le roi Sigismond leur donna le 18 avril 1423 des franchises et des libertés, et soixante treize ans après ils avaient déjà gagné de l'importance dans le pays. Dans ce tems ou peut-être même plus tôt ils avaient dans chaque comitat où ils étaient distribués, leurs propres chefs qui dans les écrits du tems son nommés Agiles, et qui étaient en même tems leurs juges; leur Voëvode ou grand Chef était choisi de leur nation par le Palatin lui-même, et portait comme tout noble hongrois le titre d'Egregius. L'écrivain Szirmay nous a conservé le serment judiciaire que prêtaient les Cigains devant la justice. En voici le commencement: „comme Dieu „a noyé le roi Pharaon dans la mer rouge, ainsi soit „englonti le Cigain dans les abimes de la terre, et qu'il soit „maudit, s'il n'avoue la verité; que jamais un vol, un trafic „ou toute autre affaire ne lui réussisse. Aussitôt au premier „trot que son cheval se change d'une manière miraculeuse en „un âne, que lui même soit attaché à la potence par la main

---

1) Grellmann, p. 16.

„du bourreau etc." Marie Thérese entreprit de civiliser ce peuple: elle donna des ordres en conséquence, datés de 1768 et 1773: il leur fut défendu de se tenir sous des tentes ou dans des huttes: ils devaient se construire des habitations fixes, quitter leur nom de c i g a i n s, et se nommer dorénavant nouveaux paysans (Uj Magyar): il ne leur était non plus permis de se servir de leur langue; ils devaient adopter le dialecte ainsi que le costume d'un autre peuple de la Hongrie. Ceux qui étaient d'une compléxion forte devaient entrer dans les régimens, et aucun Cigain ne devait se marier avant de prouver qu'il avait les moyens de soutenir sa femme et ses enfans. Ces ordres cependant ne furent que faiblement executés et après la mort de l'Impératrice les Cigains recommencèrent à mener leur vie nomade et aventureuse. Joseph II voulut aussi lui civiliser ceux de la Transylvanie: il fit publier un circulaire daté du 12 septembre 1782. Les Cigains devaient de bonne heure envoyer leurs enfans à l'école, pour y apprendre les vrais principes de la religion, les empêcher d'aller nus dans les rues, et ne pas les laisser dormir pêle-mêle, sans distinction de sexe. Aucun Cigain à l'exception de ceux qui cherchaient l'or dans les rivières ou dans les mines, ne devait avoir de chevaux: les propriétaires de terres qui avaient sur leurs possessions quelques cigains devaient leur donner une portion de terrain pour leur inspirer l'amour de l'agriculture, et l'on ne devait leur permettre la musique et d'autres occupations, que dans le cas où il n'y aurait plus rien à faire à la campagne. Ces ordres de Joseph II eurent un plus heureux resultat que ceux de Marie-Thérèse. En Transylvanie la plupart des Cigains sont devenus agriculteurs et ont quitté leur genre de vie nomade.

En Moldavie où Alexandre-le-Bon, leur donna de l'air et de la terre pour errer, du feu et du fer pour forger, et en Valachie les Cigains restèrent en plus grand nombre que dans tout autre pays; mais ils y perdirent leur liberté, le plus cher de tous les biens; eux et leurs descendans devinrent esclaves, et ils le sont encore aujourd'hui, de sorte que dans les deux principautés le nom de Cigain est devenu synonyme d'esclave. Le code civil de la Moldavie, de 1833, parle sur leur sort en ces termes:

Chap. I. §. 27. Quoique l'esclavage soit contre le droit naturel de l'homme, il a été néanmoins pratiqué depuis l'antiquité dans cette principauté, mais non pas comme chez les Romains, mais avec une grande différence. Car ici l'autorité du maître ne peut jamais et sous aucun prétexte ou cause, s'étendre sur la vie de l'esclave, mais sur sa fortune et alors seulement lorsqu'il n'aura pas d'héritiers légitimes, ou qu'en fuyant sans jamais revenir, il n'aura pas d'héritiers comme sont les parens et les enfans, ou qu'il aura nui ou causé des pertes à son maître, soit par vol, soit par d'autres mauvaises actions. D'où il suit clairement que l'esclave n'est en rien regardé comme une chose, mais qu'autant que ses actions, ses engagemens, ses droits et ses obligations concernent les autres, excepté son maître, il est regardé comme une personne, et comme telle l'esclave est soumis aux lois du pays, et il en est défendu.

Chap. II, §. 154. Une union légitime ne peut pas avoir lieu entre des hommes libres et des esclaves.

§. 155. Si un homme libre s'est marié par ignorance avec une esclave, l'union ne doit pas être brisée, s'il veut ou s'il est en état de payer le prix de l'esclave à son maître, dans le cours de trente ans à compter du jour où elle se sera soustraite au pouvoir de son maître. On agira de même lorsqu'une femme libre se sera mariée par ignorance avec un esclave.

§. 157. Si un homme libre s'est marié, avec connaissance de cause, avec une esclave, non seulement il sera forcé de divorcer, mais il payera même, en punition, à la caisse des grâces [1] le prix de la femme esclave qui restera au

---

1) C'est ainsi qu'on appelle en Moldavie la caisse qui paie des pensions aux vieux employés, à leurs veuves, et en général à tous les pauvres.

pouvoir de son maître, si celui-ci ne veut pas l'affranchir ou recevoir son prix de son mari libre, afin que le mariage ne soit pas annulé. On agira de même et pour la femme qui avec connaissance de cause se sera mariée avec un esclave.

§. 158. Si le maître a permis à un de ses esclaves de se marier avec une femme libre, ou à une de ses esclaves de se marier avec un homme libre, ou s'il est prouvé qu'un pareil mariage a eu lieu avec sa permission ou connaissance, non seulement il sera privé de son esclave qui restera libre et ne divorcera pas, mais même on lui fera des reproches pour servir d'exemple.

§. 160. Les enfans nés d'un pareil mariage, sont pour toujours reconnus libres, soit que leur père ou leur mère fut libre, soit que le mariage eut lieu avec ou sans la connaissance du maître, ou du père, ou de la mère; parceque la liberté a toujours un plus grand poids, et que la philanthropie prévaut dans un pareil cas, tant à cause de la loi ecclésiastique que la loi naturelle.

§. 161. Les esclaves venus des états étrangers, lesquels d'après l'ancien usage du pays, sont de droit au gouvernement, en se mariant avec des personnes libres avec ou sans la connaissance de celles-ci, deviennent aussi eux libres, leur mariage est valable, et personne ne doit oser les attaquer.

§. 162. Le mariage entre esclaves ne peut pas avoir lieu sans le consentement et la permission de leurs maîtres.

§. 174. Le prix des esclaves doit être fixé par le tribunal, d'après leur âge, leur habileté et leurs talens.

§. 176. Si quelqu'un a eu une esclave pour sa concubine, et que jusqu'à la fin de sa vie il ne l'ait pas affranchie, elle deviendra libre après la mort de celui-ci, et s'il a eu d'elle des enfans, eux aussi seront libres.

§. 178. Les maîtres des esclaves, et leurs héritiers légitimes, d'après l'usage du pays, peuvent toujours et de qui que ce soit redemander les esclaves fugitifs, car la prescription n'a pas lieu pour les esclaves dans cette principauté.

§. 179. Les esclaves affranchis, homme ou femme, peu-

vent se marier, sans être empêchés, avec ceux qui sont libres
de naissance; mais l'affranchi ne peut pas s'unir avec la fille
ou la nièce ou toute autre parente de son patron (c'est-à-dire
de son ancien maître qui l'a affranchi) ni avec la fille d'une
personne noble.

Par le même code politique Chap. XVI, §. 1020 l'esclave
ne peut pas recevoir ou refuser un héritage, à l'insu de son
maître, et par le droit coutumier il peut avoir, à lui, une maison, un jardin, un magasin, mais pas de fermes ou de grandes
terres.

En Valachie les Cigains sont régis à peu près par les
mêmes lois.

En Moldavie et en Valachie les Cigains sont esclaves ou
de la couronne, ou des particuliers: le nombre des familles des
premiers est de 3851 dans la première principauté et de 33000
dans la seconde. Les Cigains de la couronne se subdivisent
en quatre classes: 1) les R u d a r i ou A u r a r i qui ont seuls
le droit de chercher l'or dans les rivières et dans le sable des
montagnes, et en paient chacun à la princesse pour ses épin-
gles trois ou quatre drames (en român dramu, dramuri) c'est-
à-dire $\frac{3}{400}$ ou $\frac{1}{400}$ d'une oca qui vaut tantôt deux livres et
demi, tantôt trois livres. Du tems du prince Cantimir la
princesse de Moldavie recevait un tribut de 1600 drames, ou
quatre ocas d'or pur, et la femme du prince de Valachie, Etienne
Racovizza, reçut en 1764 de ses Aurari dont le nombre montait à deux cent quarante, 1254 drames d'or fin ou trois ocas
et un huitième à peu près. Aujourd'hui leur métier n'est plus
si lucratif.

2). Les U r s a r i ou danseurs d'ours, vont de ville en
ville et de village en village avec des ours qu'ils ont pris bien
jeunes dans les Carpates, et qu'ils ont dressés à différentes
danses. Pour prévenir tout accident les Cigains ont soin de
limer les dents et les ongles, ainsi que de brûler légèrement
les yeux de ces animaux afin qu'ils ne voient pas bien clair.
Ces U r s a r i dont quelques uns sont aussi maquignons paient

au gouvernement un tribut annuel de vingt à trente piastres, c'est-à-dire sept à dix francs.

3). Les Lingurari, c'est-à-dire les fabricants de cuillers de bois, outre cet utensile dont ils ont pris le nom, font toute espèce de vases en bois, ainsi que du charbon; ils paient le même tribut que les Ursari, et ils sont les plus civilisés des quatre classes; ils commencent même à se bâtir des demeures fixes.

4). Viennent enfin les Lâiessi, gens sans aveu, et sans aucune profession fixe; ils sont tantôt ouvriers-maçons, tantôt forgerons, tantôt fabricants de peignes. Ce sont les Cigains les plus corrompus et les plus libres cependant, car ils ont la permission d'errer dans toute la principauté; moyennant un tribut de trente piastres qu'ils paient annuellement à l'état, ils ont la liberté de faire paître leurs chevaux aux environs de tous les chemins et des villages. La plupart d'entr'eux ne se nourrissent que de vols et de déprédations: quoique très-adroits dans tout ce qu'ils entreprennent, ils travaillent fort peu: ils passent les jours à dormir, et les nuits à aller à la maraude. Si quelquefois ils travaillent, les ouvrages en fer ont alors la préférence; ils font des serrures, des clés, des clous, des fers pour les charrues, des boucles d'oreilles, des anneaux pour les paysannes: pour faire tous ces ouvrages grossiers, ils ont toujours avec eux une forge portative. Autrefois c'étaient les Cigains qui fesaient les fusils, les lances, les sabres, les bombes et toutes les autres armes nécessaires à la guerre. Tandis que les hommes travaillent ou dorment, les femmes courent dans les rues, expliquent les songes, promettent à ceux ou à celles qui les consultent de l'argent ou des maris jeunes et fidèles; puis tous les dimanches et les autres jours de fête qui ne manquent pas en Moldavie et en Valachie, elles vont se placer à l'entrée des églises, et tâchent d'exciter la pitié de ceux qui entrent dans les lieux saints, en leur montrant de petits enfans, ou quelquefois des mannequins habillés, qu'elles portent à leur sein, et qu'elles disent malades ou même morts. Après la fin de la messe, elles se mettent à entrer dans les palais des boïars, ou dans les maisons des bourgeois; avec une effronterie sans exemple, elles pénétrent dans les appartemens sous prétexte de demander l'aumône, mais si elles n'y trouvent personne, elles dérobent tout ce qui leur convient, et savent le faire sans être presque jamais aperçues; ce sont enfin de vraies sauterelles d'Egypte, comme les appelle la recluse de la Tour-Roland dans le chef d'oeuvre de Victor Hugo.

Aucune de ces quatre classes de Cigains que nous avons nommées, n'a de demeures fixes; l'été ils campent sous des tentes, l'hiver ils s'établissent dans des huttes sous terre qu'ils se creusent dans les forêts, toujours cependant aux environs de quelques villages, afin d'avoir du travail, ou le moyen d'exercer leur penchant pour le vol. Dix à quinze familles (en roman sâlassu, sâlassuri) sont sous la juridiction d'un homme qu'ils se choisissent eux-mêmes: les Moldaves et les Valaques l'appellent jude ou juge: ces juges dépendent d'un bulubassa, qu'en Hongrie et en Transylvanie on appelle aussi Voëvode. Ils ont le droit de le choisir eux-mêmes: pour être eligible, il faut descendre d'une famille qui a déjà donné des bulubassas, être mieux habillé que les autres et d'un âge mur, et avoir une taille et une figure imposantes. L'élection se fait en plein air: celui qui est nommé est trois fois élevé sur les épaules des autres aux cris de joie de toute l'assemblée, comme jadis les rois Francs. Quand la cérémonie est finie, les Cigains se séparent aussi fiers que s'ils étaient des princes électeurs qui vinssent d'élire un empereur. Les juges et les bulubassas sont confirmés par le grand maître d'armes de la principauté; c'est-à-lui que les bulubassas ou les rois des Cigains, comme on les appelle ailleurs, paient le tribut qu'ils ont fait rassembler par les juges; c'est lui qui fixe leur taxe, c'est lui qui leur communique les volontés du gouvernement, c'est lui enfin qui est leur juge en dernière instance: aussi les Cigains craignent ils bien plus le grand maître d'armes, que le Prince même. Les juges et les bulubassas pour se distinguer de la foule, vont presque toujours à cheval, ont le droit de porter la barbe, un long habit de pourpre, des bottes jaunes ou rouges, un bonnet comain en peau d'agneau, qui rassemble beaucoup au bonnet phrygien, et un petit fouet à trois lannières, qu'ils ont en bandoulière et avec lequel ils ne manquent pas de corriger les Cigains qui se sont laissé prendre au vol, ou ont commis quelque autre faute. Les bulubassas jouissent d'une autorité assez étendue sur leurs confrères; ils sont leurs juges en prèmiere et seconde instance, reçoivent deux piastres par cent du tribut qu'ils rassemblent, ont le droit de punir les coupables, et rendent compte a gou vernement de l'endroit où se trouvent leurs sujets.

Les esclaves des particuliers appartiennent ou aux monastères ou aux boïars: ils se divisent en deux classes, les Laïessi et les Vàtrassi. Les Laïessi des particuliers ont les mêmes usages que les Laïessi de la couronne; comme eux ils errent à volonté sous les ordres de leurs juges, avec la seule différence qu'au lieu de payer un tribut au gouvernement, ils le payent au boïar ou au monastère dont ils dépendent. Quand leurs maîtres ont à faire bâtir quelque édifice, ils sont tenus d'y venir travailler comme ouvriers-maçons et reçoivent par jour pour leur nourriture une piastre ou trente trois centimes.

Les Vàtrassi qui forment la seconde classe des Cigains des particuliers sont ceux qui ont de demeures fixes, et n'ont plus que le nom de Cigains; car ils ont entierèment oublié la langue, perdu les moeurs et les usages de leurs confrères nomades, de sorte qu'ils ne peuvent plus être distingués des Moldaves et des Valaques. Quelque Vàtrassi habitent dans des villages; tout en s'y occupant de l'agriculture, ils sont en même tems barbiers, tailleurs, cordonniers, maréchaux ferrants: la majorité cependant habite les villes, dans les maisons des boïars où les hommes sont employés comme tailleurs, boulangers, maçons, cochers, marmitous et les femmes sont chargées de cirer et de nettoyer les appartemens, de blanchir le linge, de coudre des robes, et de brader d'or et d'argent des essuie mains, des mouchoirs, et c'est en quoi elles excellent. Chez les petits boïars les Cigains sont laquais, cuisiniers, mais comme dans l'art culinaire ils sont extrêmement sales, et qu'en cela ils ont conservé l'habitude de leurs confrères nomades, la table de ces boïars est aussi degoutante qu'une étable à porc. Dans toutes les maisons des nobles, il y a un code pénal pour les esclaves qui ont fait quelque faute: autrefois on punissait le coupable en le fesant battre à la fâlanga: ce genre de supplice extrêmement cruel consiste à frapper avec des verges la plante des pieds nus qui sont attachés à un grand bâton que deux hommes tiennent levé, de sorte que celui qu'on bat ne s'appuye sur la terre qu'avec la tête et la partie supérieure du dos. Ce supplice est défendu maintenant par le reglement organique. Lorsque quelque Cigain s'attire aujourd'hui quelque punition il est frappé à coups de fouet, et chez beaucoup de boïars il est seulement enfermé pour quelque tems: mais lorsqu'il a pris la fuite et qu'ensuite il est rattrapé on lui met autour du cou un collier muni de pointes de fer qui le gènent pendant le sommeil: ou appelle ce collier les cornes.

C'est parmi les Cigains Vâtrassi qu'on tronve aussi les meilleurs musiciens de la Moldavie et de la Valachie: sans connaître aucune note, il leur suffit d'entendre une seule fois, ou une sonate de Mozart, ou une symphonie de Beethoven pour l'exécuter ensuite avec plus de tact, avec plus de précision et de talent que celui duquel il l'a entendu. Souvent il m'est arrivé de voir un Cigain entrer, son violon sous le bras, au théâtre français de Jassi, suivre lentement l'ouverture et les autres morceaux de la dame blanche, et après la fin de l'opéra, sortir et exécuter toute la musique qu'il venait d'entendre avec bien plus de talent que le premier virtuose de l'orchestre. Les instrumens dont les Cigains se servent sont le violon sur lequel ils sont de la première force, la cobza, instrument à neuf cordes qui leur est particulier, et qui ressemble à la mandoline, la flûte de Pan ou le naïu, le tambourin et le Moscalu ou l'ancien syrinx pour lequel ils ont un talent particulier. Lorsqu'en 1810 le frère du Schah de Perse qui avait été envoyé comme ambassadeur à Napoléon, retourna de la France par la Valachie, il s'étonna beaucoup du goût musical qu'ont les Cigains surtout pour le syrinx, et avoua qu'ils y surpassaient même les Perses qui se servent si bien de cet instrument à vent. Non seulement ils jouent bien, mais ils composent aussi de beaux morceaux de musique: les noms des Suceawâ, des Anzheluzzâ, des Barbâ sont connus dans toute la Moldavie et la Valachie, et celui de Cihari qui vit à Pesth retentit dans toute la Hongrie. Les Cigains s'accompagnent toujours de la voix, lorsqu'ils jouent des chants populaires, et il est à remarquer qu'en général ils ont de fort belles voix: souvent les auditeurs en sont si charmés qu'ils se lèvent de table, prennent deux ou trois ducats, ou des roupies turques et les appliquent sur le front des musiciens. Pendant les belles nuits d'été, tous les quartiers de la ville de Jassi retentissent des instrumens de musique et des cris d'allegresse. D'un côté c'est le boïar qui se promène avec toute une société, et qui est précédé de la musique européenne, car aussi chez nous on commence à dédaigner tout ce qui est indigène; d'un autre côté on voit un honnête marchand ou un franc paysan qui après avoir vendu son charriot de foin ou de bois, veut s'égayer: après avoir bu jusqu'à dix heures du soir dans un cabaret, il sort précédé de deux musiciens qui chantent et jouent à tue-tête les chansons et les airs qu'il leur commande, et le paysan fier, la poitrine découverte, les mains derrière le dos, ou s'appuyant sur un compère, oublie dans ces courts moments de joie, toutes ses misères, toutes les oppressions qu'il a à souffrir de son intendant et du percepteur des contributions. Vraiment ces promenades nocturnes où l'on n'entend que des rires, que des chants ont quelque chose de poétique qu'on ne trouve que dans les villes de la Moldavie et de la Valachie.

Pour la danse la musique des Cigains est bien préférable à celle des Européens; ils possèdent l'art de jouer avec bien plus de mesure et avec bien plus de satisfaction pour le danseur que les musiciens de l'Europe: aussi pendant la dernière guerre entre la Russie et la Turquie les officiers russes préféraient-ils pour la danse leur musique à celle de leurs propres régimens. Ce sont ces Cigains qui sont aussi acteurs en quelque sorte: pendant les nuits depuis Noël jusqu'à la fin du carnaval ou entend crier dans les rues, aux poupées, aux poupées. Si vous faites entrer les crieurs vous verrez deux hommes qui portent un petit théâtre éclairé, long de sept à huit pieds, et haut de trois à quatre: ils placent ce théâtre sur deux chaises et vous verrez bientôt entrer en scène une marionette qui joue le rôle d'un berger et qui danse avec sa brebis; vient ensuite un Cigain avec son ours; ils sont bientôt chassés par Monsieur Vasilachi qui courtise deux belles, tandis que sa femme le cherche dans tous les quartiers de la ville; puis viennent le Turc et le Cosaque qui après quelques provocations en viennent aux mains: quand les Osmanlis étaient en Moldavie, c'était le Turc qui coupait la tête au Cosaque, et quant les Russes étaient maîtres de la principauté, le contraire avait lieu, c'était le Cosaque qui décapitait son ennemi. Aujourd'hui je ne sais pas quel est le vainqueur? Pendant toute la représentation, le Cigain, qui fait jouer secrétement les marionettes, parle tantôt au nom du Turc, tantôt au nom du Cosaque, gravement lorsque c'est le premier qui prend la parole, vivement et d'une manière brusque lorsque c'est le dernier qui l'interrompt.

Les hommes de la classe des Vâtrassi sont très-bien bâtis, d'une haute stature et d'une physionomie noble: leurs filles sont encore plus belles; brunes elles ont toute la pureté des traits grecs jointe à l'ardeur du climat de leurs ancêtres: leurs grands yeux noirs, ombragés de beaux sourcils arqués, jettent des flammes; aussi n'est-il pas rare de rencontrer en Moldavie et en Valachie des Esmeralda et des Pretiosa; mais aussitôt qu'elles deviennent mères, leur beauté disparait et fait place à une laideur dégoutante, et d'Esmeraldas elles deviennent des Meg-Mervilies.

Au reste les Vâtrassi sont aujourd'hui bien plus civilisés que les paysans mêmes et méritent que le gouvernement leur rende enfin une liberté dont ils sont dignes: les boïars ont le droit de les affranchir, et plusieurs d'entr'eux, qui sont éclairés par les lumières de l'Europe civilisée, usent souvent de ce privilège en les rétablissant dans les droits que la nature a donnés à tous les hommes.

Le nombre des Cigains des particuliers monte dans les deux principautés à plus de trente cinq mille familles. A l'exception des Vátrassi, et de quelques Lingurari, tous les autres Cigains sont nomades, ont les mêmes usages, la même langue. Maintenant que nous connaissons à peu près leur histoire et leur division, nous allons donner aussi une esquisse sur leurs moeurs et sur leurs habitudes. La physionomie des Cigains est en général pleine d'expression, et sur leur front ombragé de cheveux noirs et luisants on lit une profonde mélancolie: leur oeil noir brille d'un feu sombre sous les cils bruns, et tout le poids du triste sort de ce peuple sans patrie semble peser sur son esprit. En un mot le peuple a quelque chose de souffrant, et cependant le regard des hommes exprime souvent un esprit hardi et entreprenant [1]). Quoiqu'ils ne soient pas d'une stature haute, ils sont très-bien bâtis; de sorte qu'on peut étudier la plastique en les voyant. Leur poitrine et leur dos sont formés dans les plus belles proportions, et leurs bras ainsi que leurs jambes dans les règles les plus sévères de la beauté parfaite. Lorsqu'on les voit nus, on croit avoir devant soi les plus belles statues grecques et leur couleur de bronze y contribue beaucoup. La vie nomade qu'ils mènent, l'air pur des montagnes ou des plaines parfumées qu'ils respirent les rendent propres à supporter toutes les fatigues et toutes les intempéries des saisons; ils sont d'une constitution forte et parviennent à une vieillesse très-avancée; il n'est pas rare de trouver parmi eux des centenaires.

Les Cigains ne reconnaissent aucune religion; ils suivent le fetichisme, c'est-à-dire qu'ils rendent un culte à tout ce qui leur est utile, comme par exemple à leur tentes, à leurs voi-

---

1) Dr. Fedor Possart dans l'Ausland du 30 septembre 1836.

tures et à leurs forges: comme les Turcs ils croient à la fatalité; en Europe, dans les pays chrétiens, ils feignent de suivre le lois de Jésus, en Turquie ils sont mahométans, et s'il y avait encore un royaume de Judée, ils y seraient sectateurs de Moïse. En Moldavie et en Valachie ils font baptiser leurs enfans par les prêtres orthodoxes; mais ce n'est pas pour le motif de la religion; c'est pour l'argument irrésistible de Don Basilio, c'est à cause de l'argent qu'ils reçoivent du parrain ou de la marraine. Aussi font ils souvent baptiser le même enfant neuf ou dix fois dans toutes les parties de la principauté; il n'est pas rare de voir un jeune Cigain âgé même de vingt ans, venir vous demander d'être son parrain. De même qu'ils ne reconnaissent pas de religion, ils ne reconnaissent pas non plus de mariage légitime: pour ce grand acte de la vie humaine ils n'ont aucune cérémonie religieuse. Quand un jeune garçon a atteint l'âge de quatorze à quinze ans, il s'apperçoit qu'il lui manque quelque chose de plus que le pain et l'eau. Il prend la première fille qu'il trouve, fut-elle même sa parente, et en fait sa femme: lorsqu'ils se marient, les deux jeunes gens prennent une cruche de terre, la brisent, et ils sont mariés justement comme Grengoire et Esmeralda. Ils soignent très-mal ou pour mieux dire, ils ne soignent pas du tout l'éducation de leurs enfans: dès qu'ils peuvent marcher ils les laissent courir en liberté dans les forêts, ou dans les rues des villes et des villages; ces pauvres enfans nus, grelottant de froid, sont obligés de mendier ou de voler leur pain, à peine si le soir ils trouvent un peu de feu pour se réchauffer dans la tente de leurs parens. Jusqu'à l'âge de quinze à seize ans ils vont tout nus, hiver et été, et pour donner une idée de leur misérable état, je raconterai une anecdote assez caractéristique: au milieu d'un hiver rigoureux, un enfant Cigain, tout nu se plaignait d'avoir froid. „Tiens, mon fils, lui repondit sa mère, prends cette corde et „ceins-t'-en, tu auras chaud." On trouve parmi ce peuple nomade, un grand nombre d'estropiés; et la cause en est que lorsqu'ils sont encore enfans, ils servent d'instrumens pour battre; lorsque deux époux se disputent et qu'ils veulent en venir aux mains, le père prend par les pieds un enfant, et la mère un autre, et commencent à s'en frapper comme s'ils se servaient de bâtons. Il y a aussi une autre raison du grand nombre d'estropiés qui se trouvent parmi les Cigains, c'est que quelques uns, pour s'attirer la compassion publique et gagner de plus grandes aumônes, se font eux-mêmes des plaies sur leurs corps, lesquelles n'étant par bien soignées, finissent par se gangrener et occasionnent souvent la perte d'un membre entier.

Lorsque les boïars sortent en voiture hors de la ville, ils se voient aussitôt assiégés par une foule de jeunes garçons et de jeunes filles depuis l'âge de cinq jusqu'à quinze ans et nus comme notre père Adam lorsqu'il sortit des mains de son Créateur. Cette troupe d'enfans suit, en courant, la voiture pendant plus d'une demi-lieue et en criant sans cesse:

Donnez-nous un para, donnez-nous un para,

Et nous vous danserons la tànàna.

La tànàna, c'est leur danse nationale, c'est leur fandango; elle consiste à sauter, à faire avec les bras et les jambes des gestes lascifs, et à se frapper les fesses avec le talon des pieds. Il est à remarquer que l'orsqu'ils demandent l'aumône, ils ne forment jamais des voeux pour la santé de la personne qu'ils prient, mais pour celle de ses chevaux; ils ne disent jamais: je souhaite que vous viviez heureux, mais que vos chevaux vivent longtems. Les Cigains ne peuvent pas vivre séparés de leur famille, même quand on tâcherait de la leur faire oublier par toutes les richesses du monde: souvent des boïars ont essayé de civiliser quelques jeunes cigains; ils les ont pris dans leurs palais, leur ont donné des maîtres, mais ce fut envain, aussitôt qu'une occasion se présenta, ils quittèrent toutes les commodités de la vie civilisée, et se sauvèrent chez leurs parens. La vie nomade, la fumée de sa tente est indispensable au Cigain, comme l'eau au poisson, l'air à l'oiseau: la vie de la tribu, c'est la vie du Cigain. Quoiqu'il soit adroit dans tout ce qu'il entreprend,

est extrêmement paresseux, et préfère le dolce far niente et
la misère qui en est la suite, à un travail fatigant, mais pou-
vant lui donner un bien-être. Il ne s'applique à rien de
grand, et plutôt que de se fatiguer, il se livre au vol, vice
pour lequel il a malheureusement un penchant naturel et très-
prononcé; mais, il faut l'avouer, il ne dérobe jamais rien de
grand; il ne prend que des objets de vêtement ou de nourriture.

Tous les Cigains surtout les Lâïessi sont d'une saleté re-
poussante; il semble que la vermine soit née avec eux; ils vont
presque toujours sans chemise qui à beaucoup d'entr'eux est inconnue, et ne sont couverts que de quelques haillons; cependant d'après le choix des haillons où l'on trouve des morceaux
de dentelles et de broderies on voit qu'ils aiment la parure;
ils sont grands amateurs des couleurs qui frappent les yeux,
et ils choisissent de préférence des habits rouges ou bleus,
et des bottes jaunes.

La chasteté leur est inconnue; quoique les femmes ne
fassent pas profession de la prostitution, elles ne se refusent
jamais de satisfaire les desirs de quiconque leur promet quelques paras: leur métier est en outre, ou de voler ou de
tromper les crédules bourgeoises et les paysannes en leur disant la bonne aventure; pour cet effet elles se servent de trois
manières, ou en regardant les linéamens du creux de la main
ou en tirant les cartes, ou en consultant le mauvais esprit,
comme elles disent, dans un petit miroir qui est au fond d'une
boite de fer blanc.

Rien n'est plus curieux que de voir déménager une troupe
de Cigains: les enfans sont placés pêle-mêle avec les chaudrons, les trepieds, les forges, et les autres utensiles sur une
voiture découverte et extrêmement haute, afin de franchir les
rivières sans être mouillés: les hommes et les femmes suivent
à pied la voiture qui souvent n'est trainée que par une seule
rossinante. La marche est fermée par deux ou trois chevaux
montés par des Cigains qui portent de deux côtés des bissacs

dans lesquels il y a aussi de petits enfans dont on n'aperçoit que la tête.

Les Cigains nomades ont un gout particulier pour la viande des animaux morts de maladie à l'exception du cheval. Si on leur montre de l'étonnement de ce qu'ils peuvent manger de pareils mets, ils répondent que „la viande d'un animal „dont Dieu a été le boucher, doit être meilleure que celle d'un „animal tué par la main des hommes." C'est à cause de leur goût pour les animaux morts de maladie, qu'on les a accusés d'être aussi anthropophages; et il parait même, d'après des preuves certaines, qu'il y en a eu quelques uns parmi eux qui n'ont pas reculé à manger de la chair humaine. Partout, en France, en Espagne, en Allemagne on les a accusés d'enlever des enfans, et en Hongrie, à la fin du dix-huitième siècle, on a fait périr sur l'échafaud plus de deux cents Cigains accusés d'avoir été des anthropophages. Les journaux allemands du mois d'août, et de septembre de l'année 1782, sont pleins de détails sur l'exécution de ces grands scélérats.

Le crime est trop atroce pour y croire en entier. Aujourd'hui, grâce à la civilisation, on n'entend plus parler de pareilles horreurs; la nourriture ordinaire des Cigains consiste dans la mămăliga qui est une espère de polenta faite avec du maïs ou blé de Turquie. Ils mangent cette mămăliga ou simple, ou avec du fromage: quelquefois leurs repas sont plus appetissans par les oies, les poulets, ou les petits cochons qu'ils ont volés; lorsqu'ils trouvent un animal mort de maladie, ils font alors un grand festin, et se rejouissent de la belle aubaine. L'eau est leur boisson ordinaire: cependant ils aiment beaucoup l'eau-de-vie, et ils sont bien reconnaissants envers celui qui leur en donne un petit verre. Hommes, femmes et enfans, dès l'âge de cinq ans fument avec passion; ils tiennent toute la journée la pipe à la bouche, et lorsqu'ils n'ont plus de tabac, ni le moyen de s'en procurer, ils fument des feuilles sèches de noyers. Ils peuvent endurer la soif et la faim, des jours entiers, mais une seule heure ils ne sauraient rester sans fumer, ou du moins sans avoir la pipe à la bouche.

Les Cigains sont en général très-lâches; quelquefois ils osent sortir de leurs forêts et attaquer les voyageurs, mais ce n'est que lorsque ce sont des piétons; alors ils se précipitent sur eux, armés de grands pieux; mais qu'un de ces voyageurs tire un coup de pistolet, ou fasse même mine de tirer, toute la horde prend la fuite, fut-elle même composée de cent ou deux cents personnes: le courage et la bravoure ne sont jamais le partage de l'homme asservi et avili.

Les Româns, c'est-à-dire les Moldaves et les Valaques, méprisent ce peuple, mais, superstitieux comme ils sont, ils le craignent aussi; ils croient que les Cigains ont le pouvoir d'appeler à leur secours des êtres forts et invisibles, et qu'à la fin du monde ils viendront avec l'antechrist torturer les chrétiens et manger leurs enfans. Quoiqu'au reste le Cigain soit méprisé de toutes les nations, il méprise aussi, lui, tous les autres peuples, et „il est, comme dit Malte-Brun, fier et heureux; un tas de fumier lui sert de trône, et un vieux chêne lui sert de dais."

Le Cigain aime fort peu l'agriculture, ainsi qu'une demeure fixe: c'est pour cela que plusieurs auteurs ont prétendu qu'il était incorrigible, et qu'on ne pourrait jamais l'accoutumer à une vie réglée et domestique, cependant l'expérience a prouvé tout le contraire. En Transylvanie et en Bucowine tous les Cigains ont aujourd'hui des demeures fixes: on les voit fort rarement quitter leurs habitations, et lorsqu'ils le font, c'est avec beaucoup de regret: en Servie le prince Milosch a essayé de les accoutumer à l'agriculture; le premier essai a eu lieu à Poscharewatz et en quelques autres lieux, et il y a bien réussi; ils y vivent heureux, mangent le pain du maïs qu'ils ont planté eux-mêmes et se civiliseront sûrement encore bien plus, pourvu qu'on les traite avec humanité [1]). Le même essai a eu lieu en Moldavie, dans le village de Rìpi du district de Fàlcii, où l'on voit sept à huit familles de Cigains cultiver leurs champs avec plus de soin et d'amour que les paysans mêmes.

---

1) Dr. Fedor Possart, dans l'Ausland du 30 septembre 1836.

Une plus grande preuve que ce peuple peut être civilisé, c'est la classe des Vàtrassi qui autrefois étaient aussi nomades, et qui aujourd'hui ont des demeures fixes, s'appliquent à l'industrie, et ont perdu la plupart des vices des Cigains nomades. Que le gouvernement se donne donc des peines sérieuses, qu'il leur procure le moyen de s'établir convenablement, et il verra ses soins récompensés par la civilisation de tout un peuple: les Cigains ont des vices; mais si l'on parvient une fois à les déraciner de leur coeur, ils seront d'une grande utilité à la Moldavie et à la Valachie, surtout en travaillant comme ouvriers dans les fabriques.

Avant de terminer ce chapitre nous allons donner un tableau de la population des Cigains en Europe:

En Moldavie et en Valachie	200,000	âmes
En Turquie	200,000	—
En Hongrie	100,000	—
En Espagne	40,000	—
En Angleterre	10,000	—
En Russie	10,000	—
En Allemagne, en France, en Italie . .	40,000	—
Somme totale	600,000	âmes.

CHAPITRE DEUXIÈME.

Langue des Cigains.

On a longtems prétendu que la langue des Cigains n'était qu'un argot, et cette opinion a été pendant longtems adoptée par la plûpart des savants; Grellmann a été le premier qui ait tâché de prouver la fausseté de cette opinion; dans son essai sur les Cigains il a donné quelques détails sur la construction de leur langue et un recueil de mots; mais ces règles citées dans son ouvrage sont si peu importantes et si peu vraies qu'on peut avouer que l'auteur n'avait jamais examiné par lui-même les notions qu'on lui avait données sur cette langue. En 1835, Monsieur le conseiller des écoles Graffunder

publia à Erfurt une esquisse grammaticale sur la langue de
ce peuple: le premier il nous a fait voir les règles et la construction de ce dialècte; son ouvrage quoique incomplet,
ne manque pas d'être intéressant dour tous ceux qui s'appliquent à l'étude des langues. Car il faut l'avouer la langue
des Cigains est un objet curieux et digne de recherche comme
leur vie et leurs moeurs. Toutes ses règles, tout son génie prouvent son ancienneté, son origine indostane, et c'est un
sujet bien intéressant que d'étudier au milieu de l'Europe un dialecte indien. Monsieur Graffunder nous a montré le premier que
c'est leur langue qui sépare les Cigains des autres nations, qui leur
fait mépriser tous les peuples, qui les tient enchainés dans leur
caste et les oblige à rester fidèles à leurs moeurs, à leurs usages
et à leur vie nomade. Tous les autres peuples sont des *gadschi*
des giavours, des payens devant le Cigain, lui seul est *Romnitschel* ou fi's de la femme. *Han du me Romnitschel* [1])
sont des paroles sacramentales que deux Cigains entendent et
comprennent, fussent-ils même des antipodes: c'est à ces mots
qu'ils se reconnaissent et qu'ils commencent leur danse de joie.
Ces mots caractérisent bien toute la nature des Cigains; on
voit combien ils méprisent et haïssent les autres nations: eux
seuls sont des hommes, à eux seuls ils donnent ce nom; tous
les étrangers sont pour eux des créatures d'une autre espèce,
à qui ils refusent même le titre d'hommes! Oui, la langue
des Cigains a été leur plus fort asyle, c'est elle qui a re-
poussé d'eux la civilisation, c'est elle qui leur a donné ce
courage de braver pendant quatre cents ans toutes les perse-
cutions et tous les essais qu'on a faits de les detourner de leur
vie nomade!

En effet la langue cigaine a une construction, une syn-
taxe tout-à-fait différente des langues de l'Europe; rien qu'à
examiner ses règles on voit qu'elle n'est pas née sur la terre
européenne: il faut rechercher son origine, loin, bien loin, dans
les Indes; c'est là qu'elle est née, c'est de là que nous vient

---

[1]) Es-tu Romnitschel?

ce peuple! Quoique cette langue, extrêmement pauvre au commencement, se soit enrichie de mots de toutes les nations avec lesquelles les Cigains ont été en relation, elle n'en est pas néanmoins restée fidèle à sa grammaire et à son génie. Elle fourmille, si on peut se servir de cette expression, de règles, de mots sanscrits, bengali's, indostani's, multani's, malabarais etc.

Le tableau suivant tiré de l'histoire de Hongrie de Fessler pourra donner une idée des rapports de la langue cigaine avec les langues de l'Inde.

Français.	Cigain.	indostani.	multani.	sanscrit.	bengali.	malabarais.
Tête	schero	—	er	schira	sir	—
Cheveu	bal	—	wal	—	—	bal
Oeuil	ïak	—	aki	akschi	aank	—
Nez	nak	nak	nak	—	naak	-..
Bouche	mui	mu	—	—	mu, mun	—
Langue	tschip	schibu	dschuban	—	dschibb	—
Dent	dant	dant	diiaut	danda	dant	—
Oreille	kan	kau	kan	karnanu	kon	kadu
Jour	dives	dyn	degow	devasi	din	dio
Nuit	ratti. ratt gin	rat	rat	ratri	raat	rate
Soleil	kam	—	kam	kham	—	kham
Lune	schou	schand	stchandorma	tschanda	schand	tschand
Terre	Pup	—	—	puma	—	huma
Eau	pani	panni	pány	panir	paani	nir, pan
Or	sonnai	sonna	sona	—	suna	suna
Argent	rup	rupa	ruppa	—	rupa	ruppa
Sel	lou, lun	noun	lou	—	—	nun

Une langue ne peut pas rester invariable chez deux branches d'un même peuple, lesquelles, pendant plus de quatre siècles n'ont eu entr'elles aucune relation; c'est ce qui a eu lieu dans la langue cigaine, et d'autant plus qu'elle n'était conservée que dans la bouche du peuple. Le Cigain est divisé en plusieurs dialectes, de sorte qu'il n'est pas étonnant que les Cigains de l'Espagne n'entendent pas tous les mots dictés par ceux de la Moldavie. Ainsi par exemple, en Allemagne, ces hommes nomades disent *Koïa sterna* (en allemand der Stern) l'étoile; *Koba mondo* (der Mond) la lune; *Koba stuhlo* (der

Stuhl) la chaise; *Koïa tischa* (der Tisch) la table etc.; tous ces mots ne sauraient être compris par un Cigain de la Moldavie de même que les mots suivants d'origine romane ou valaque, *drum* chemin, *beveritza* écureuil, *retza* canard, ne sauraient être entendus par les Cigains de l'Allemagne et de l'Angleterre.

Ce qui rend difficile l'étude de la langue de ce peuple, c'est que, naturellement rusé et défiant, il croit dangereux d'initier l'étranger dans les secrets de son dialècte; nous avons dit que sa langue c'est l'asyle du Cigain, il craint donc de l'ouvrir à tous ceux qui ne sont pas comme lui des Romnitschel. Pour tromper donc l'étranger ils lui donnent souvent de fausses expressions; la langue même est créée pour ainsi dire trompeuse, car souvent elle a quatre ou cinq mots pour le même objet, et en retour un seul mot pour quatre ou cinq choses. Ainsi par exemple le mot *bani* signifie lac, rivière, fleuve, mer, océan; *nascheben* veut dire couler et courir, *tschatscho* vrai et droit etc.

Le cigain, comme le sanscrit, a deux genres, mais pour chaque genre il a plusieurs articles, d'abord l'article *koba* qui se decline ainsi:

N. *koba*, f. *koïa*
G. *kola*
D. *kola*
A. *kola*

Pour le pluriel c'est encore *kola*, invariable dans tous les cas et pour tous les deux genres.

Les autres articles sont pour le masculin singulier.

N. *o* et *u*
G. *o* et *u*, *i* et *e*

Le datif et l'accusatif sont semblables au génitif.

Pour le masculin pluriel:

N.   *i* et *e*

G.   *o* et *u, i* et *e*

de même pour le datif et l'accusatif.

Pour le feminin singulier

N.   *i*

G.   *i* et *e.*

Ces deux articles *i* et *e* restent invariables pour tous les autres cas du singulier et du pluriel.

Comme les articles se ressemblent au génitif, au datif et à l'accusatif, ils ne peuvent être distingués que lorsqu'ils sont placés près des substantifs qui, au génitif et au datif, sont toujours unis à une préposition *de* et *der.*

Tous les substantifs terminés en *o* sont masculins, au pluriel ils changent le *o* en *e;* tous les substantifs masculins ont à l'accusatif singulier la terminaison *es,* et les feminins la terminaison *a;* à l'accusatif du pluriel les deux genres ont *en.*

Rom, homme, acc. *romes,* pl. *romen.*

Romni, femme, acc. *romnia,* pl. *romnien.*

Tous les substantifs et les adjectifs terminés en *o* se déclinent comme *piro,* pied:

Singulier.

N.   *koba piro,* le pied

A.   *kola pires,* le pied

D.   *kola piresde,* au pied

G.   *kola piresder,* du pied.

Pluriel.

N.   *kola pire,* les pieds

A.   *kola piren,* les pieds

D.   *kola pirende,* aux pieds

G.   *kola pirender,* des pieds.

Les substantifs et les adjectifs féminins se déclinent de la manière suivante:

Singulier.

N. *koïa romni*, la femme
A. *kola romnia*, la femme
D. *kola romniade*, à la femme
G. *kola romniader*, de la femme.

Pluriel.

N. *kola romnia*, les femmes
A. *kola romnien*, les femmes
D. *kola romniende*, aux femmes
G. *kola romniender*, des femmes.

D'après ces déclinaisons on peut voir que le datif et le génitif se forment en plaçant après l'accusatif les prepositions ou plutôt les postpositions *de* et *der*.

Monsieur Graffunder n'a pas encore trouvé la manière dont se déclinent les autres substantifs qui ne sont pas terminés en *o* et en *i*.

La plupart des adjectifs se terminent au masculin singulier en *o*, au feminin en *i* et au pluriel pour les deux genres en *e*.

Les Cigains peuvent former plusieurs adjectifs de tous les substantifs en ajoutant soit à l'accusatif du singulier, soit à l'accusatif du pluriel la terminaison *gro* si on veut avoir un adjectif masculin, *gri* si ont veut avoir un adjectif féminin, et *gre* pour le pluriel des deux genres. Les mots *rom* et *romni* donnent quatre adjectifs qui tous ont un sens différent:

rom, acc. *romes*, adj. *romes-gro*, d'homme
rom, pl. acc. *romen*, adj. *romen-gro*, d'hommes
romni acc. *romnia*, adj. *romnia-gro*, de femme
romnia pl. acc. *romnien*, adj. *romnien-gro*, de femmes.

Ainsi il y a une grande différence entre
koba diklo romesgro et
koba diklo romengro

car la première phrase signifie: le drap qui vient d'un homme; et la seconde: le drap qui vient de plusieurs hommes.

La formation des degrés de comparaison est très-simple; le comparatif se forme en ajoutant à l'adjectif la terminaison *der*.

puro âgé, *puroder* plus âgé

puri âgée, *purider* plus âgée

pure âgés ou âgées, *pureder* plus âgés ou plus âgées.

Le superlatif se forme en plaçant avec le comparatif le mot *bala*, encore. Ainsi *bala puroder* (mot-à-mot encore plus âgé) signifie très-âgé. Lorsqu'on veut donner plus de force au superlatif on fait précéder le comparatif de ce mot *kono* quelquefois redoublé: *kono puroder*, très-âgé ou fort âgé, *kono, kono puroder* le plus âgé de tous.

Les pronoms personnels sont:

me, je, moi; *man*, me; *mande*, à moi; *mander*, de moi.

du, tu, toi; *dud*, te; *dudde*, à toi; *dudder*, de toi.

iob, il; *les*, le; *lesde*, à lui; *lesder*, de lui.

ioï, elle; *la*, la; *lade*, à elle; *lader*, d'elle.

me, nous; *men*, nous; *mende*, à nous; *mender*, de nous.

du me, vous; *du men*, vous; *du mende*, à vous; *du men-der*, de vous.

ion, *le*, ils, elles; *len*, les; *lende*, à eux, à elles; *lender*, d'eux, d'elles.

Les pronoms possessifs sont:

miro, f. *miri*, pl. *mire*, mon

diro, f. *diri*, pl. *dire*, ton

maro, f. *mari*, pl. *mare*, nôtre

du maro, f. *du mari*, pl. *du mare*, vôtre

kolesgro, f. *kolesgri*, pl. *kolesgre*, son

kolagro, f. *kolagri*, pl. *kolagre*, son en parlant des femmes

kolengro, f. *kolengri*. pl. *kolengre*, leur.

Les pronoms demonstratifs sont:

gaba, celui-ci

gaïa, celle-ci

gala, ceux-ci ou celles-ci.

Pour le pronom refléchi *se*, les Cigains ont *pes* à l'accusatif singulier, et *pen* à l'accusatif pluriel: p. ex. *u grei hadel' pes pre*, le cheval se cabre; *ion scharena pen*, ils se louent.

Tout ce qu'il y a de plus difficile, de plus défectif et de plus irrégulier dans la langue cigaine, c'est le verbe. Quelques uns de ses tems sont formés d'une manière qu'on ne trouve dans aucune autre langue, d'autres en manquent tout-à-fait, et pour les remplacer on a recours à de longues circonlocutions.

A proprement parler les Cigains n'ont que deux verbes; ce sont les auxiliaires *me hom* je suis et *waben* devenir, qui forment la conjugaison de tous les autres verbes, actifs, passifs, etc. etc.

Verbe être.

Ce verbe n'a pas d'infinitif.

Indicatif.

Présent.		Passé.

Singulier.

me hom, je suis	*me homes*, je fus
du hal, tu es	*du hales*, tu fus
iob hi, il est	*iob his*, il fut

Pluriel.

me ham, nous sommes	*me hames*, nous fûmes
du me han, vous êtes	*du me hanes*, vous fûtes
io hi, ils sont.	*ion his*, ils furent.

Tous les autres tems de ce verbe manquent.

Verbe devenir *(waben)*.

Indicatif.	Conjonctif.

Présent.

Singulier.

me waba, je deviens	*me wabes*, que je devienne
du weha	*du wehes*
iob wela	*iob weles*

Pluriel.

me waha	*me wahes*
du me wena	*du me wenes*
ïon wena.	*ïon wenes.*

Passé.

Singulier.

me wetom, je devin-	*me wetomes,* que je devinse
du wetal	*du wetales*
iob wetas	*iob wetahes*

Pluriel.

me wetam	*me wetames*
du me wetan	*du me wetanes*
ïon weten.	*ïon wetenes.*

Impératif.

we, ou *ab,* deviens

wen, ou *awen,* devenez.

Participe.

wabasgro, devenu

wabasgri, devenue

wabasgre, devenus ou devenues.

Verbes actifs.

La plupart des infinitifs de ces verbes se terminent en *ben* et en *en:* toutefois il parait qu'il y en a aussi quelques uns qui se terminent en *a* long.

Avant de parler du présent des verbes actifs, disons quelques mots de l'impératif qui représente la racine du mot, et qui de concert avec les verbes auxiliaires sert à former les autres tems. La plupart des impératifs sont monosyllabes, comme *pen,* parle; *sob,* dors; *gur,* frappe; *de,* donne; *dscha,* va; quelques uns cependant sont bisyllabes, comme *rakke,* parle; *choche,* mens etc. La seconde personne du pluriel de l'impératif se forme de la seconde personne du pluriel du présent, en ommettant la lettre *a.*

Le présent se forme de l'impératif et de *waba* présent du verbe *waben*, devenir. Ainsi par exemple on prend l'impératif *rakker*, parle, on y ajoute *waba* et l'on a

> *me rakkerwaba*, je parle
> *du rakkerwcha*, tu parles.
> *iob rakkerwela*, il parle etc.

Souvent lorsque deux consonnes se rencontrent dans la formation de ce tems, l'on retranche le *w* de *waba*, de sorte qu'on dit aussi : *me rakkeraba, du rakkereha* etc. Et d'autres fois toute la syllabe *wa* disparait comme *me dschaba* je vais; *me chaba*, je mange etc. Cette réunion faite, le verbe se conjugue au présent de l'indicatif et du conjonctif comme le verbe *waba*.

Le passé se forme par la réunion de l'impératif et du verbe *me hom*, je suis; seulement que le *h* se change en *d*:

> *pen*, parle; *me pen-dom*, je parlai.

Quand l'impératif se termine par une voyelle, le *h* se change en *i*.

> *le*, prends, *me leiom*, je pris
> *de*, donne, *me deiom*, je donnai.

Il y a plusieurs verbes qui sont irréguliers dans la formation du passé: le verbe *dschaben*, aller a à l'impératif *dscha*; il devait donc former au passé *me dschaiom*, c'est ce qui n'a pas lieu; le passé de *dschaben* est *me gheiom*, j'allai. *Dschaiom* est le passé d'un autre verbe, de *me dschaiaba*, je frisonne, je gèle. *Chaben*, manger a deux passés, *chaiom* et *chadon*.

Le verbe mourir est un des plus irréguliers de la langue cigaine: l'infinitif en est *meraben*, l'impératif *mer*, le présent *meraba*, le passé *merdom* et *muiom*, et le participe passé *mulo*.

Le participe passé se forme du passé de l'indicatif par l'omission de la lettre *m* de la première personne du singulier:

> *me dschibdom*, je vecus
> Participe, *dschibdo*, vécu.

Jamais le *i* ne se trouve au participe passé: ainsi de *chavom* j'ai mangé, le participe n'est pas *chaio*, mais *chado*.

Tous les autres tems manquent dans les verbes cigains: le passé est employé aussi pour l'imparfait, comme dans l'allemand. *Le futur* doit être fait par des circonlocutions ; ainsi par exemple pour j'y viendrai demain, le Cigain dit *me waba deisa koi*, mot-à-mot, je suis demain là ou je viens demain là, car *waben* signifie et devenir et venir.

Pour les verbes falloir, devoir, pouvoir, le Cigain a les adverbes hunte, sei, naschde, nei qui signifient la capacité de pouvoir, de falloir etc. *debel hunte hi*, Dieu doit-être, ou Dieu sera, *me naschde piaba*, je peux boire. Ces adverbes se mettent toujours entre le pronom et le verbe.

Le présent du passif se forme aussi avec le verbe *waba* et le participe passé du verbe: *me waba gurdo*, je deviens battu, ou je suis battu.

Le passé se forme avec le verbe *me hom* et le participe passé: *me hom gurdo*, je suis, ou j'ai été battu; il se forme aussi avec le passé du verbe être: *me homes gurdo*, je fus battu.

Ce n'est pas une grammaire complète que j'ai voulu donner de la langue cigaine, je n'ai ni les moyens, ni les connaissances nécessaires à cet objet: je n'ai voulu donner qu'une idée simple et nette de la construction grammaticale de cette langue pour servir d'introduction au vocabulaire français es cigain qui sera à la fin de ce petit livre. Que ceux qui veulent avoir des notions plus detaillées sur le cigain aient recours à l'ouvrage de Monsieur Graffunder à qui j'ai emprunté presque tout ce chapitre.

Il me reste encore fort peu de chose à dire sur la langue des Cigains: elle est en généralharm onieuse et applicable au chant; néanmoins ce peuple a fort peu de chansons, et c'est encore à Monsieur Graffunder que nous devons deux fragments qui pourront donner une idée de l'esprit bien peu poétique de cette nation.

Gader wela.	D'où vient-il
Gáder stela?	D'où saute-il?
Ab, miro tschabo' ste!	Allons, mon fils saute!
I tarniromni dschala, mangel	La jeune femme va et mendie
I puri romni balo pop	La vieille femme derrière le poêle
Priesterwela.	Prie.

I tarni romni har i rosa
I puri romni har i dschamba:
I tarni romni weli tarno rom
I puri romni weli puro rom.

La jeune femme comme une rose
La vieille femme comme une tortue:
La jeune femme prend un jeune homme
La vieille femme prend un vieil homme.

Les Cigains n'ont pas encore d'alphabet et probablement
ils n'en auront jamais; car en se civilisant ils éprouveront de
nouveaux besoins et ils ne sauraient conserver une langue
aussi défective.

Vocabulaire Français-Cigain.

A.

A prép. *basch;* je reste à table, *me beschabu basch i chamasgri.*
Abattre, *chivvitaleya, wusra.*
Abeille, *birlin.*
Acheter, *kin.*
Affamé, *boko.*
Age, *buda, purana.*
Agé, *puro.*
Agneau, *bakero, bharado-hilo.*
Aigle, *bischolhilo.*
Aiguille, *sub.*
Ail, *tziria, pura.*
Ailé, *paku.*
Aile (bière), *livin.*
Aimer, *gamaben.*
Air, *prabal.*
Aller, *dschaben.*
Alors, *dala.*
Ame, *sie, wodi.*
Amour (l'), *koba gamaben* mot-à-mot, l'aimer.
Amusement, *kel.*
An, année, *besch.*
Ane, *baraga escheri,* mot-à-mot, animal aux longues oreilles.
Anguille, *Alo,* en allemand Aal.
Animal, *télel.*
Anneau, *langustri, gostring.*
Après-demain, *wawer-dives.*
Arbre, *ruk.*
Argent, *rup.*
Argent (monnoyé), *loevu, lowe.*
Argile, *kutschahu.*
Arriver, *wias.*
Art (manière), *arli.*
Atteindre, *kelloben.*
Aune, *kuni, kani*
Avoir faim, *bacdoben*

B.

Baiser, *tschumaben.*
Barbe, *tschor.*
Bâton, *coschli.*
Battre, *guren, maren.*
Battu, *gurdo.*
Beau, *rincano, schukker.*
Beaucoup, *put.*
Beaume, *muscatella.*
Beauté, *schukkerben.*
Bec, *schnablus,* en allemand Schnabel.
Berger, *bakringhero.*
Bête, *gruvni.*
Beurre, *kiil, frill.*
Bissac, *gono.*
Blanc, *parno, apono.*
Blé, *liv.*
Blessure, *tschinneben,* mot-à-mot, le blesser.
Boeuf, *guru, gurub.*
Boire, *pien,* en grec πίνω; ce verbe s'emploie aussi dans la phrase fumer du tabac, *pien tuuli.*
Bois (le), *gaschl.*
Bois (forêt), *wesch.*
Boiter, *bangoben.*
Boiteux, *bango.*
Bon, *ladscho, mischdo;* le premier mot s'emploie pour les hommes et pour les animaux, le second pour les choses inanimées.
Bonheur, *baxt.*
Bonnet, *staddi, huffo.*
Bonnetier, *Iuringhero.*
Bouche, *tschor, mui.*
Boucher, *maseskero.*
Boucle d'oreille, *caningaru.*
Boudin, *goii.*
Boue, *schik.*

Bouillie, *briia.*
Bouillir, *cerru.*
Boulanger, *mareskero.*
Bourbe, *poschi.*
Bouteille, *wallin.*
Boutique, *burruco.*
Bouton, *craton.*
Bras, *musch, mossin.*
Brebis, *bakero, bakro, ba-chico.*
Briller, *bareskroben.*
Brouillard, *koeddo.*
Bruit, *gudli.*
Brûlant, *chadschabasgro,* le soleil brillant ou brûlant, *koba kam chadschabas-gro.*
Brûlé, *chadschido.*
Brûler, il brûle, *chadschole.*
Bû, part. de boire, *pido.*

C.

Cabaret, *kischimmo.*
Caleçons, *schoste.*
Camarade, *mahla*; bois cama-rade, *pie mahla.*
Campagne, *temm.*
Canard, *retza,* en român ou valaque rézza.
Celui-ci, *gaba,* celle-ci *gaïa.*
Cendre, *tschar, düplo.*
Cent, *tschel.*
Cercle, *rundo.*
Cerise, *kirghissin.*
Cerisier, *kirghissasgro ruk.*
Chaine, *schammit.*
Chaise, *scaurnin.*
Chambre, *isema.*
Champ, *akra, pofe.*
Chandelle, *mumli.*
Chanson, *ghiv.*
Chanter, *ghivaben, bascha-ben.*
Chapeau, *muschi, staddi.*
Chapelier, *staddinghero.*
Charbon, *angar, mangal.*

Chardon, *karro.*
Charrier, *biggherit.*
Charriot, *wardo.*
Chasse, *schegari.*
Chasser, *wazh.*
Chasseur, *wezheskero.*
Chat, *matschka, stirna, murga.*
Château, *buklo.*
Chaud, *tatto.*
Chaux, *mescho.*
Chemin, *drum,* en român drumu.
Chemise, *gad.*
Chêne, *balano mako.*
Chercher, *mongna.*
Cheval, *grai.*
Cheveu, *bal, bala.*
Chèvre, *Ketschka, Iesching-hingri.*
Chez, *basch,* qui s'emploie aussi pour la prép. à: je vais chez toi, *me dschaba basch dude.*
Chien, *dschukklo.*
Chose, *doga.*
Chou, *schoc, schach.*
Ciel, *bolepen, schvelo, tsche-rosz.*
Cigain, *romnitschel, romino.*
Cinq, *bansch.*
Cinquante, *pantschwerdesch, panda, pondsandis.*
Cire, *ierni.*
Ciseaux, *gadni.*
Clé, *klidin,* en grec moderne κλιϑἰ.
Cloche, *kambana,* en grec mo-derne καμπάνα.
Cloître, *klusturi,* en allemand Kloſter.
Cochon, *balo, bolo.*
Cochon de lait, *balora.*
Coeur, *dschi.*
Cognée, *chinnamangri.*
Collier, *mericla.*
Colline, *bar.*

Commettre un adultère, *labe-kirdaspas*.
Compter, *zhinaben*.
Concombre, *boborka*.
Connaître, *Jen*.
Connu, *prinierdo*.
Coq, *baschno*.
Cordier, *schelenghero*.
Cordonnier, *kirchinghero*.
Corps, *trupo*, *teschta*, en ro-màn *trupu*.
Corps de jupe, *truppa*.
Côte, *andririk*.
Cou, *men*.
Coude, *goni*, peut-être du sans-crit *ganu*, genou et du grec γονυ.
Coudre, *siwaben*, *sivit*.
Couler, *nascheben*.
Couleur, *schin*.
Coup, *dschurie*.
Couper, *chinnet*.
Courbé, *bango*.
Courge, *dudum*.
Courrir, *nascheben*, qui si-gnifie aussi couler.
Court, *ligno*.
Cousin, *kako*.
Couteau, *churi*.
Couverture de lit, *coppa*.
Craie, *ghereta*.
Craindre, *daraben*.
Créer, *simanghi*.
Crème, *smentino*, en romàn *smêntina*.
Crier, *wallogudli*.
Cuiller, *roi*.
Cuirassier, *rittero*.
Cuire, *pekgum*.

D.

Dame, *araïnah*.
Dans, *an*.
Danse, *killin*.
Danser, *kelaben*, qui signifie aussi jouer

De, d'où, de la, *gader*; de la table, *gader chamasgri*; d'où vient-il? *gader wela?* il vient de là, *wela gader*
Debout, *dardo*; *me hom dardo*, je suis debout.
Dechirer, *chinglei*.
Demain, *deisa*, ce mot signifie et demain et hier; ainsi on dit, *deisa me homes koi*, hier j'y ai été; *deisa me wabn koi*, demain j'y serai.
Demande, *putzium*.
Demoiselle, *rachsii*.
Dent, *dant*, *darya*.
Derrière (le), *ghew*, *buht*.
Derrière, prep. *balal*, *balo lalu*.
Deshabiller, *aurigga*.
Dette, *kammawa*.
Deux, *dui*.
Deux-cents, *duischel*, *dei-schel*.
Deuzième, *o duito*.
Devant, *glan*.
Devenir, *waben*, ce mot si-gnifie aussi venir, et sert de verbe auxiliaire; comme chez les Italiens le verbe venire.
Devenir vieux, *puro waben*.
Diable, *benk*.
Dieu, *dewe*, *dewel*, *dewol*. *odel*, *deblo*.
Diligence (l'être diligent) *sil*.
Dimanche, *gurghe*; ce mot signifie aussi semaine; les Cigains n'ont pas de noms pour désigner lundi, mardi etc. etc.
Dindon, *pibbleraune*.
Dire, *penaben*.
Divorcer, *schamander*, *schus wawer*, *kindi*
Dix, *desch*
Doigt, *kuschto*, *gaote*

Donner, *daben.*
Dormir, *soben.*
Dos, *dummo.*
Double, *duber, aduito.*
Douleur, *drik.*
Doux, *gudlo.*
Douze, *desch dui.*
Dragon (monstre), *benk.*
Droit, *tschatscho.*

E.

Eau, *pani.*
Eau-de-vie, *tattopani.*
Eclairer, *chadschaben.*
Ecorce, *tsilka, bolka.*
Ecrevisse, *hai, karodi.*
Ecrire, *tschindas.*
Ecureuil, *beveritza,* en români *veverizza.*
Edifice, *ker, baua.*
Eglise, *kangri.*
Elle, *ioï,* pluriel *ion,* qui sert aussi pour le masculin.
Emporter, *sel.*
Enchaîné, *androssasterkardo.*
Enchanter, *hovokardas.*
Endroit, *buchlipen.*
Enfant, *tschabo, liccino.*
Enrager, *sennelowisa.*
Enseigner, *sikeraben.*
Entendre, *schunaben.*
Entier, *zelo.*
Entre, prép. *maschkre.*
Entrer, *zodra.*
Envelopper, *kellitapra a.*
Epée, *goro, chadum.*
Epingle, *spinga.*
Epouser *luno.*
Erreur, *dromna, zhedum.*
Escargot, *bouro.*
Esprit, *mulro.*
Estimable, *schoker.*
Estimer, *schokerben.*
Et, conj. *dat.*
Etain, *tschino.*
Etalon, *gratsch, grast.*

Etang, *tallo.*
Eté, *nieli.*
Eternel, *tschimaster.*
Eternuer, *tschikateben.*
Etoile, *sterna.*
Etre, *me hom* (je suis) ce verbe n'a pas d'infinitif.
Etre assis, *besch.*
Etre indisposé, *naffli.*
Eux, ils, *ion.*

F.

Faim, *bok.*
Faire, *keraben.*
Fantassin, *kuromanghero.*
Farine, *Jaro, saro.*
Faucon, *wiknia.*
Faux, *latschilo, wingro.*
Femme, *romni, gadschi, mannischi, ghiromni.*
Fer, *saster,* qui signifie aussi de l'eau glacée et en général de la glace.
Fermer, *clisn.*
Feu, *iak.*
Feuille, *patrin.*
Fier, *goïemen.*
Fille, *tschaï, galvay.*
Fils, *tschabo.*
Fin, *sano.*
Flamme, *flammus.*
Fleur, *pano, ruzha.*
Flot, *pleme.*
Foi (le) *buko.*
Foin, *cass.*
Foire, *waggaulus.*
Fontaine, *hani.*
Forêt, *wesch.*
Forestier, *weschiskero, iagaro.*
Forgeron, *sastringhero.*
Fosse, *ghere, wermo.*
Foudre (la) *felheschine.*
Fouet, *tschuckini, tschupini.*
Foule (la) *bui, behii.*
Fouler aux pieds, *slakkerben.*

Fourchette, *pusramangara.*
Fourmi, *ghiri.*
Fraise, *muri.*
Frapper, *del.*
Frère, *pal.*
Froid, *skil.*
Frommage, *kiral, kiras.*
Fumée, *thub.*
Fumer, *tofe;* pour fumer du tabac, voyez boire.
Fusil, *puschca,* en român *pussca, yoggramangri.*

G.

Garçon, *tschabo.*
Gâteau, *maricli.*
Gelé, *dschado, dschaïdo.*
Gêler, *dschaïben.*
Gendre, *tschaïagro rom.*
Général, *Iammadar.*
Genou, *tschanga.*
Genre, *kak.*
Gentilhomme, *arai.*
Gire, *tschiben, deletschedoman, sofa.*
Gisant, *tschido.*
Glace, *saster, ieko, paho.*
Goût, *sik.*
Graisse, *tulo.*
Grand, *baro.*
Grand'mère, *mami.*
Grange, *granza.*
Grénouille, *dschamba, diamba.*
Gros, *besso.*
Guerre, *koba kuroben, kugriben,* mot-à-mot le combattre.
Guerrier, soldat, *kulwnaskero.*
Guinée ou tout autre monnaie considérable, *culla.*
Guittarre, *tschilhiman.*

H.

Habit, *Tschucca.*
Hache *torrer, tober.*
Haïr, *haw.*

Hâter (se), *hecco.*
Haut, *pral.*
Hérisson, *hotschauitscha, stachlinghero.*
Hiver, *wind;* ce mot sert pour exprimer la mauvaise saison, comme *nicli* été pour désigner la bonne; car les Cigains n'ont de nom ni pour printems ni pour automne.
Homme, *rom, manusch,* seulement au pluriel comme gens.
Horloger, *gambainghero.*
Hôtel, *werda, Kischimmo* en român crissma.
Hôtelier, *wirthus,* en allemand Wirth.
Huit, *ochto, ochdo.*

I.

Ici, *gade.*
Idole, *deur.*
Il, *iob, koba, lo,* pluriel *ion, kola, le* qui signifie aussi elles.
Ile, *wesch.*
Injurier, *zhingher.*
Interroger, *delman.*

J.

Jambe, *herro.*
Jardin, *bar.*
Je, moi, *me,* pl. *me.*
Jetter, *wusrit.*
Jeu, *kel.*
Jeune, *tarno.*
Jeune homme, *rachlio.*
Joli, *arincino.*
Joue, *tscham.*
Jouer, *kelaben.*
Jouer du violon, *boschri.*
Jour, *diwes, diwus.*
Jument, *greni.*

L.

Lac, *bâni*; ce mot s'emploie aussi pour designer rivière, fleuve, mer, océan.

Laid, *tschorero*.

Laine, *puzhum*.

Laisser, *muk*.

Lait, *lud, zud*.

Langue, *tschip*.

Langue (dialècte) *koba racker-ben, koba rackriben*, mot-à-mot le parler.

Lanterne, *duddramangru*.

Lapin, *caningo*.

Large, *borum, bulhaïlo*.

Larmes, *swa*.

Le, *koba, o, u*, la, *koia, i*, les *kola, i, e*, pour le masculin et pour le féminin.

Lécher, *tscharaben*.

Lent, *lokes, betschuker*.

Lettre, *liel, lill, chinnamasngri*.

Leur, *kolengro*, pl. *kolengre*.

Lever (se) lève-toi *ste pre*.

Libre, *piro*.

Lier, *bandoben*.

Lièvre, *tschoschoï, schascho*.

Lion, *baro peng; oroschlano*.

Lit, *wuddress, tschiben*.

Livre (la), *libra*.

Livre (le), *buchos*, en allemand Buch.

Loin, *dur*.

Loup, *ru*.

Lourd, *bharahilo*.

Lumière, *dud, mumli, mumeli*.

Lune, *schon, tschemut, mrascha, mondo*.

M.

Main, *wast, wass*.

Maison, *ker, caha*.

Maître, *derai*.

Manger, *chamaben, maDge chado*.

Manière, *goswro*.

Manquer du nécéssaire, *brat*.

Manteau, *pluschta*.

Matelot, *baringhero*.

Matin, *feizrile, sula, deisale*.

Mechant, *nanilasch, erio*.

Melon, *herbuzho*, en romain *harbuzu*.

Memoire, *rikewela*.

Menacer, *pretterdum*.

Mendier, *mangaben*.

Mentir, *goschoben, chocheben*.

Mer, *baro pani* mot-à-mot la grande eau.

Mère, *dai*.

Mésure, *kuni*.

Mets (le), *gaben, mass* qui signifie aussi viande.

Mettre dedans, *schiviladraa*.

Mettre sur, *schiven*.

Miel, *pischa, gwin, mescho*.

Mien (le) *miro*, fem. *miri*, pl. pour les deux genres *mire*.

Mille, (nombre) *deschwerschel, ekezeros, sero*.

Mille (mésure) *iemia, migameu*.

Misérable, *tschoro, ropen*.

Mois, *manel, schon* qui signifie aussi lune.

Moitié, *pasch*.

Monde, *bolepen* qui s'emploie aussi pour ciel.

Montagne, *hedio*.

Monter à cheval, *kista*.

Morceau, *gotter*.

Mort (la) *koba meraben*, mot-à-mot le mourir.

Mort adj. *mulo*.

Mot, *lab, alo*.

Mouche, *madiho, matzlin*.

Mouchoir, *pannigascha*.

Mourir, *meraben*.

Mouton, *bakero, upriludli-lom*.

Musique, *koba baschaben,* mot-à-mot le chanter.

N.

Navet, *canauvo.*
Nécéssairement, *hunle.*
Neige, *live.*
Neuf, *ennia,* en grec ἐννέα.
Neuf (nouveau), *nevo.*
Nez, *nák.*
Noir, *kalo, melelo.*
Noix, *pchenda.*
Nom, *nao, lawe.*
Nombre, *ghin.*
Nommer, *naben.*
Non, *nei.*
Nonante, *Eiiawerdesch,* en-*niandis.*
Nôtre (le) *maro,* fem. *mari,* pl. *mare.*
Nous, *me.*
Nû, *kindo.*
Nuage, *felhoeschnodi.*
Nuit, *ratli, ratli, radscha, rattgin.*

O.

Obscur, *tamlo.*
Obscurité, *pratness.*
Odorat, *sung.*
Oeil, *iak.*
Oeuf, *iaros, garum, yoro.*
Ognon, *purum, lolipurum.*
Oie, *capin.*
Oiseau, *tschiriclo, tschirclo,* petit oiseau, *tschiricloro.*
Oncle, *dadesgro pral, coc.*
Ongle, *nai.*
Onze, *desch iek.*
Or, *sonnai, sonnikey, schom-nakai.*
Oreille, *kan, cam.*
Orge, *ghib. arpa.*
Oter, *sellitaria.*
Ouïe, *scenio.*
Ouvrir, *pirrond.*

P.

Païen, c'est-à-dire tout homme qui n'est pas Cigain, *gad-scho,* en hebreu goï, en turc giavour.
Paille, *pul, pos.*
Pain, *leium, maro, chome-resgro.*
Pain-blanc, *deblank*
Pain-bis, *debank.*
Palpiter, *tschil.*
Pantalons, *gullub, chalu, kal-schis.*
Parler, *rackerben.*
Pauvreté, *tschorori.*
Pêcheur, *matschinghero.*
Peloton-de-fil, *tav.*
Père, *dad,* en romän *tatâ.*
Personne (pr. neg.) *nani kek.*
Petit, *billo.*
Petit-enfant *tarnepen;* elle prend un petit-enfant, *kola wela i tarnepen.*
Petit-fils, *purutschau* mot-à-mot, enfant d'âge.
Peu (le), *pisla.*
Pied, *piro.*
Pierre, *bar.*
Pierre à aiguiser, *aschpin, homokoro.*
Pierre à fusil, *ieghekoro bar.*
Pigeon, *tovadei.*
Pincettes, *schivya.*
Piquure, *dschurie,* je pique me *dabadschurie,* m. à. m. je donne une piquure.
Pistolet, *banduk* qui signifie aussi tout autre arme à feu.
Planche, *pal.*
Plante, *zhach, scha.*
Plastron, corps de cuirasse, *harmi.*
Plein, *perdo, podo.*
Pleurer, *burwin.*
Pleuvoir, *bruschaben.*

Plomb, *molibo*, en grec moderne μολύβι.
Pluie, *brischint, bischu, breschindo.*
Plume, *por, pori, for.*
Poële, *pop.*
Poids, *paro, birdo.*
Poire, *brohl.*
Pois, *hirhil.*
Poisson, *matscho, mulo, tzefniakero.*
Poitrine, *kelin, pörsch.*
Poivre, *peperi.*
Pomme, *pabui, pomya.*
Pomme-de-terre, *provingra.*
Porte, *wnddu.*
Porter, *hitschawa, leianna.*
Poser, mettre, *tschwaben.*
Ponce, *gazhdo, paltzo.*
Poule, *canni, daschni.*
Poulin, *tarno gresch.*
Poux, *puzhum, dschulo, puschan.*
Prendre, *leben.*
Près, *langs, basch;* je place près de la table, *me tschewaba langs i chamasgri;* la table est près du poële, *i chamasgri hi busch o pop.*
Presqu'ile, *pas wesch.*
Prier, *priesterben.*
Prière, *mangawa.*
Prince ou tout autre souverain, *rai.*
Princesse, *rani.*
Principauté, *rag.*
Prison, *starrapan.*
Produire, *limmaughi.*
Profond, *gor.*
Promener (le) *yaw.*
Prophetiser, *durkeben.*
Puce, *jua, tzua.*
Puissant, *sorlo.*

Q.

Quarante, *saranda, schlarwerdesch.*

Quatre, *stahr, schlar.*
Quatre-vingts, *ochtowerdesch.*
Quatrième, (le) *o schlarto.*
Que, conj. de comp. *har;* la fille est plus jeune que la mère, *koïa tschai hi tarnider har koïa dai.*
Quenouille, *rozho.*
Quereller (se) *schingher, tsatschoben.*
Question, *putzium.*
Queue, *pori.*

R.

Rave, *repani* en grec moderne ῥεπάνι.
Récompense, *Pleisserdum.*
Relever, *sellitaprua.*
Remercier, *parrac.*
Renards, *renade.*
Rencontrer, *kuroben.*
Respiration, *doko.*
Rester, *tschaben.*
Revêtir, *ruddi.*
Riche, *barwello.*
Rire, (le) *sa.*
Rire, *saien.*
Rivage, *kunara, parra.*
Rivière, *bâni.*
Robe, *schubbus.*
Rompre, *paggherben.*
Rose, *rosa.*
Rosée, *mraschu, osch.*
Rossignol ou crochet, *bango klidin.*
Rôtir, *ceddo.*
Rouge, *allullo.*
Route, *drum,* en roumän *drumu.*
Rue, *stigga.*

S.

Sable, *balu.*
Sac, *gunno.*
Sain, *sasdo.*
Saisir, *stildum.*
Salpêtre, *tonkeren.*
Sang, *rat.*

Sanglier, *bikarisch, krohilo.*
Sangloter. *nakkeben.*
Sauter, *staben.*
Savoir, je sais *me tschanna.*
Savon, *sapuni, sappin.*
Scier, *tschinnaben.*
Sec, *schukrohilo.*
Secher, *schucco.*
Seigneur, *rai,* qui signifie aussi prince.
Sel, *lon, lun.*
Semaine, *gurghe,* voyez le mot dimanche.
Sentinelle, *sentinella.*
Sentir, (neutre) *sung.*
Sept, *efta.*
Septante, *eftawerdesch.*
Serpent, *sap.*
Servante, *rakli.*
Seul, seulement, *nango.*
Sévère, *mitschach.*
Shilling, *gurischli.*
Si, *di.*
Simple, *aiecta.*
Singe, *papinoci.*
Six, *schob.*
Soeur, *pen.*
Soie, *rezh.*
Soif, *truzhilo.*
Soir, *belbih.*
Soixante, *Schowerdesch, schoandis.*
Soldat, *lurdo.*
Soleil, *kam.*
Sommeil, *sowawa, sulli.*
Son, pr. pos. *kolesgro,* pl. *kolesgre,* sa *kolagro,* pl. *kolagre.*
Sot, *dumino,* en allemand ꝺumm.
Soufflet, (coup) *tschammedini.*
Soufre, *kandini, mumi.*
Souliers, *chaca.*
Source, *hani, foliasi, schello.*
Sucre, *gudlam.*
Suite, *palmande.*
Sur prep. *bral, ab.*

T.

Table, *chamasgri.*
Tablier, *schaducca.*
Tambour, *tombun, tabuk.*
Tante, *dadesgri pen, libbi.*
Tems, *tschiro.*
Tems de coucher, *wuddrusti-tschiro.*
Tems de dîner, *hapristi-tschiro.*
Tenace, *naneleskekso.*
Tente, *tschater, chör, tanya.*
Terre, *pup, Schick.*
Tête, *aok, iaok, po, schero.*
Thé, *multramangri.*
Tien, (le) *diro,* f. *diri,* pl. *dire.*
Tirer un coup de fusil, ou tuer avec, *kari.*
Tirer les armes, *cua.*
Toile, drap, *diklo.*
Tombeau, *gowr.*
Tomber, *peraben.*
Tonnerre, *tschetogasch, garittrolo.*
Tortue, *dschamba,*
Tousse, *ghas.*
Tousser, *ghasen.*
Travail, *butin, butsi.*
Trente, *trianda, tranda,* ou *drin kope desch,* trois fois dix.
Triste, *tuggonso.*
Trois, *drin.*
Troisième (le) *o drito.*
Tromper, *gohenä.*
Trou, *gheb.*
Trouver, *latscht.*
Truie, *balitschi, bali.*
Tu, *du.*
Tuer, *man.*
Tuer à laboucherie, *kurohen*

U.

Un, *iek.*
Uriner, *muterben.*

V.

Vache, *grumni.*
Vaisseau, *bars.*
Valet, *veleto.*
Vase, pot, *currio.*
Veau, *Variuhilo.*
Vendre, *latsakerit, bikken.*
Venir, *hav.*
Vent, *bear, balval.*
Ventre, *per.*
Ver, *kirmo.*
Verité, *kola tschatschaben,* m. à. m. le dire vrai.
Verre, *bechari,* en allemand Becher.
Veuve, *pewli.*
Viande, *mass.*
Vie, *tschiwawa.*
Vierge, *tschek.*
Vieux, *puro.*
Vif-argent *tschindo rup.*
Vigilent, *massob.*
Village, *gauc, gal, iegag.*

Ville, *gäv.*
Vin, *mol.*
Vin-aigre, *schut.*
Vingt *bisch;* vingt un *bisch ick* etc.
Violon, *schetra, boschiman-gri.*
Vitrier, *finitringhero.*
Vivre, *dschiwaben.*
Voir, *dic.*
Vol, *tschordas.*
Voler, *tschoren, tschou.*
Voleur, *tschor.*
Vôtre, (le) *du maro,* f. *du mari.* pl. *du mare.*
Vous, *du me.*
Voyage, *drum,* qui signifie aussi chemin.
Vrai, *tschatscho,* qui signifie aussi droit.

Y.

Y, *koi.*

Imprimé chez L. W. Krause à Berlin.

Errata.

Page		Ligne					
2	. . . .	34	. . . .	qu'il semble	lisez	qu'ils semblent
5	. . . .	12	. . . .	se disent	---	se dirent
6	. . . .	32	. . . .	en	---	eu
8	. . . .	33	. . . .	trot	---	troc
11	. . . .	18	. . . .	que la	---	que de la
12	. . . .	15	. . . .	33006	---	3300
14	. . . .	27	. . . .	vinssent	---	viennent
15	. . . .	11	. . . .	a gou-	---	au gou-
15	. . . .	28	. . . .	Quelque	---	Quelques
17	. . . .	6	. . . .	Anzheluzzà	---	Angheluzzà
21	. . . .	22	. . . .	l'orsqu'ils	---	lorsqu'ils
26	. . . .	4	. . . .	dour	---	pour
27	. . . .	12	. . . .	er	---	ser